HERIBERT PRANTL

IM NAMEN DER MENSCHLICHKEIT

Das Buch

Krieg, Terror, Diktatur, Korruption, Armut und Hunger – seit Jahrzehnten sind Menschen auf der Flucht. Sie wollen nach Europa, in der Hoffnung, dort ein besseres Leben zu führen. Europa aber hält sich die Flüchtlinge vom Hals. Es hat die Grenzen dicht gemacht. Der einzige Weg, der den Migranten bleibt, ist der Weg über die »nasse Todesroute«, übers Mittelmeer. Um andere abzuschrecken, nimmt die EU den Tod der Flüchtlinge billigend in Kauf. Heribert Prantl, Leiter der Innenpolitik der *Süddeutschen Zeitung*, klagt an. Er fordert angesichts der Katastrophen, die sich an den EU-Außengrenzen ereignen, einen kompletten Richtungswechsel in der europäischen Flüchtlingspolitik. Eine große Seenotrettungskampagne allein reicht nicht aus, um das Massensterben im Mittelmeer zu verhindern. Europa hat die Verpflichtung, Migration als zivilisatorische Notwendigkeit zu begreifen und danach zu handeln.

Der Autor

Heribert Prantl, Jahrgang 1953, hat Rechtswissenschaften, Geschichte und Philosophie studiert. Seit 1995 leitet er das Ressort Innenpolitik der *Süddeutschen Zeitung* und seit 2011 ist er dort Mitglied der Chefredaktion. Prantl ist Autor zahlreicher Leitartikel und Kommentare; die Flüchtlingspolitik gehört seit jeher zu seinen großen Themen. Er ist Autor mehrerer politischer Bücher; dafür wurde er unter anderem mit dem Geschwister-Scholl- und mit dem Kurt-Tucholsky-Preis ausgezeichnet.

HERIBERT PRANTL

IM NAMEN DER MENSCHLICHKEIT

RETTET DIE FLÜCHTLINGE!

Ullstein

Das Gedicht »Die letzte Epiphanie« auf Seite 5 wurde der folgenden Gedichtsammlung entnommen: Werner Bergengruen: *Meines Vaters Haus.* © Arche Literatur Verlag AG, Zürich (ISBN 978-3-7160-2336-5).

5. Auflage 2015
ISBN 978-3-550-08126-2

Umschlaggestaltung: Sabine Wimmer, Berlin
Umschlagfoto: © Alessandra Schellnegger
Gesetzt aus der Adobe Garamond
Satz: LVD GmbH, Berlin
Druck und Bindearbeiten: CPI books GmbH, Leck
Printed in Germany

Ich hatte dies Land in mein Herz genommen,
ich habe ihm Boten um Boten gesandt.
In vielen Gestalten bin ich gekommen.
Ihr aber habt mich in keiner erkannt.

Ich klopfte bei Nacht, ein bleicher Hebräer,
ein Flüchtling, gejagt, mit zerrissenen Schuh'n.
Ihr riefet dem Schergen, ihr winktet dem Späher
und meintet noch, Gott einen Dienst zu tun.

Ich kam als zitternde geistgeschwächte
Greisin mit stummem Angstgeschrei.
Ihr aber spracht vom Zukunftsgeschlechte
und nur meine Asche gabt ihr frei.

Verwaister Knabe auf östlichen Flächen,
ich fiel euch zu Füßen und flehte um Brot.
Ihr aber scheutet ein künftiges Rächen,
ihr zucktet die Achseln und gabt mir den Tod.

Ich kam als Gefangener, als Tagelöhner,
verschleppt und verkauft, von der Peitsche zerfetzt.
Ihr wandtet den Blick von dem struppigen Fröner.
Nun komm ich als Richter. Erkennt ihr mich jetzt?

WERNER BERGENGRUEN
Die letzte Epiphanie, 1944

Eines der großen alten Arbeiterlieder beginnt mit der Zeile »Wacht auf, Verdammte dieser Erde, die stets man noch zum Hungern zwingt!«. Es ist dies die Klage über Hunger, Ausbeutung und Elend; und es reimt sich dort auf das »letzte Gefecht« der Kampf um »das Menschenrecht«. Man hört sich heute die *Internationale*, je nachdem, wie man weltanschaulich gestimmt ist, nostalgisch lächelnd oder verdrießlich grinsend an. Nostalgie und Grinserei vergehen einem schnell, wenn man das Lied aus dem 19. Jahrhundert löst und ins 21. Jahrhundert stellt. Die Verdammten dieser Erde – es sind heute die Flüchtlinge. Sie fliehen vor Bürgerkrieg und Folter, vor Hunger und absoluter Armut; ausgeschlossen aus der Welt, in der ein Fünftel der Weltbevölkerung vier Fünftel aller Reichtümer verbraucht, lockt sie die Sehnsucht nach einem Leben, das wenigstens etwas besser ist. Die Ausgeschlossenen drücken sich an die Schaufenster, hinter denen die Verprasser des Reichtums der Erde sitzen.

Der Druck vor den Schaufenstern, in die Schaufenster und in die Räume des Wohlstands wird immer stärker. Im Mittleren Osten ist die Hölle los. Die Terrororganisation, die sich »Islamischer Staat« nennt, verfolgt Christen, Yeziden und Muslime auf grausame Weise. Was sollen die Menschen machen – sie müssen fliehen, wenn sie nicht massakriert werden wollen.

Die Europäische Union versucht, von der Not unbehelligt zu bleiben. Sie schützt sich vor den Flüchtlingen, als wären es Terroristen. Sie sichert ihre Grenzen mit einem Netz von Radaranlagen und Satelliten; mit Hubschraubern und Schiffen, die die Flüchtlingsboote abdrängen; mit einer Grenzschutzagentur, die Frontex heißt; und mit einer gewaltigen Mauer aus Paragrafen. Dort, wo das afrikanische Elend und der »Raum der Freiheit, der Sicherheit und des Rechts«, wie sich Europa selbst nennt, aneinanderstoßen, in Spaniens nordafrikanischen Exklaven Ceuta und Melilla, gibt es auch Mauern, Mauern aus Stacheldraht. Manchmal bleibt daran ein Stück Flüchtling hängen; der Rest des Flüchtlings ertrinkt dann im Mittelmeer.

Ein elendes Recht für die Elenden

Es gibt zwei große Gruppen von politischen Parteien in Europa: die Gruppe der sozialdemokratischen und sozialistischen Parteien sowie die Gruppe der christlich-konservativen Parteien. Regierungen, die aus diesen Parteien bestehen, haben das europäische Flüchtlingsabwehr-Regime errichtet. Dieses Regime trägt den Namen der Stadt, in der es beschlossen worden ist: Dublin. Nach diesem Dublin-System ist stets derjenige Staat, den der Flüchtling auf seiner Flucht nach Europa als Erstes betreten hat, für das Asylverfahren und die Aufnahme des Flüchtlings zuständig. Das erste einschlägige EU-Abkommen wurde 1990 in Dublin unterzeichnet; es ist mittlerweile zwei Mal fortgeschrieben worden, man redet heute von »Dublin III«.

Dieses geltende EU-Recht ist ein Elend, es ist ein elendes Recht für die Elenden. Das System wurde erfunden, um die sogenannten Flüchtlingslasten möglichst auf die Randstaaten der EU abzuwälzen und die Staaten im Zentrum Europas, Deutschland vor allem, zu schonen. Das Dublin-System orientiert sich am Verursacherprinzip: Die Staaten an den EU-Außengrenzen, die es nicht schaffen, ihre Grenzen abzuriegeln, sollen dafür büßen. Es ist dies ein Grundgedanke, der sich um Schutzbedürftigkeit nicht schert. Das Dublin-System bestraft den Staat, der sich bei der Flüchtlingsabwehr nicht abwehrend genug benimmt und seine Grenzen nicht völlig dichtmacht: Er ist für die Flüchtlinge zuständig, er muss für sie sorgen. Es ist ein schweinisches System, ein Aufruf zu möglichst brutaler Flüchtlingsabwehr. Deswegen hat ja Italien in den Berlusconi-Jahren die Flüchtlinge im Mittelmeer lieber absaufen lassen, als sie aus dem Wasser zu holen.

Den sozialistischen und den sozialdemokratischen Regierungen in Europa muss man, wenn sie die perfide Dublin-Verordnung fortschreiben wollen, den Text der *Internationale* auf den Tisch legen. Und denjenigen Regierungen in Europa, die von christlich-konservativen Parteien getragen werden, muss man einen mahnenden biblischen Satz ganz obenauf in die Konferenzmappe legen: »Was ihr für einen meiner geringsten Brüder getan habt, das habt ihr mir getan!« So sagt es Jesus, so steht es beim Evangelisten Matthäus (Matthäus 25:40). Die Bibel ist ein Flüchtlingsbuch, die Aufnahme von Flüchtlingen ist in biblischen Erfahrungen tief verwurzelt. Eine der ältesten Rechtsnormen, das alttestamentliche Fremdenrecht, ist bei den europäischen Regierungen in Vergessenheit geraten.

Das Meer als Verbündeter

»Was ihr für einen meiner geringsten Brüder getan habt, das habt ihr mir getan!« Wer sind die Geringsten, und was wird ihnen angetan? Manchmal werden lebende, manchmal tote Flüchtlinge an die Küsten Europas geschwemmt. Viele Flüchtlinge gehen einfach unter, sie werden vom Meer verschluckt. Wenn das in Seenot geratene Schiff besonders groß und Europa schon besonders nahe ist, gibt es neue Fotos aus Lampedusa. Die Insel Lampedusa ist für die Flüchtlinge eine Rettungsinsel im Mittelmeer. Viele erreichen sie aber nicht; und denjenigen, die sie erreichen, hilft das nichts. Man schickt sie wieder weg. Man verfrachtet viele Flüchtlinge umgehend dorthin, wo sie herkommen. In einer einzigen Woche im April 2015 starben über tausend Flüchtlinge im Mittelmeer. Sie waren Bootsflüchtlinge auf dem Weg nach Europa, sie sind ertrunken, sie sind erfroren in der Kälte der europäischen Flüchtlingspolitik. Die gezählten und die ungezählten Toten sind auch an ihrer Hoffnung gestorben. Diese Hoffnung bestand darin, die Not hinter sich zu lassen und in Europa Freiheit und ein besseres Leben zu finden. Das Mittelmeer ist ein Friedhof, ein Friedhof auch der Menschenrechte. Die Flüchtlinge fliehen, weil sie nicht krepieren wollen; sie werden behandelt wie Einbrecher. Europa schützt seine Grenzen, aber nicht die Flüchtlinge.

Pontius Pilatus wusch sich die Hände in Unschuld. Europas Politiker waschen sie in dem Wasser, in dem die Flüchtlinge ertrinken. Was soll man machen?, fragen sie scheinheilig. Sollen die Leute halt nicht in die klapprigen Boote steigen! Sollen sie bleiben, wo sie sind! Sollen sie sich eben nicht in

Gefahr bringen! Wer sich aufs Meer begibt, der kommt drin um! Was soll man machen? Die EU-Politik macht Sicherheitspolitik und betrachtet das Meer als Verbündeten. Das Meer ist das »Ex« der Grenzschutzagentur Frontex, der Europäischen Agentur für die operative Zusammenarbeit an den Außengrenzen.

Giusi Nicolini, die Bürgermeisterin von Lampedusa, fragt: »Wie groß muss der Friedhof auf meiner Insel noch werden?« Sie ist davon überzeugt, »dass die europäische Einwanderungspolitik Menschenopfer in Kauf nimmt, um die Migration einzudämmen«. Der Menschenrechtskommissar des Europarats erhebt daher Anklage. Er gibt den europäischen Regierungen eine Mitschuld am Tod der Bootsflüchtlinge: Wenn die Abwehr von Menschen Vorrang habe vor der Rettung von Menschen – dann laufe etwas dramatisch falsch. Die Kosten des Gipfels der Staats- und Regierungschefs der Industriestaaten auf Schloss Elmau in Oberbayern am 4. und 5. Juni 2015 liegen ungefähr so hoch wie die Kosten, die für Mare Nostrum, das eingestellte Seenotrettungsprogramm der italienischen Marine und Küstenwache, jährlich aufzubringen wären. Politische Wellness ist wichtiger als die Rettung von Menschen.

Flüchtlinge – Botschafter der Menschenrechte

Wenn es bei der Rettung des Euro so kläglich wenig Einsatz gegeben hätte wie bei der Rettung von Flüchtlingen: Es gäbe den Euro schon längst nicht mehr. Der EU-Grenzschutzagentur Frontex ist ein Miniatur-Rettungsprogramm »Triton« aufgepfropft worden. Nach der Flüchtlingskatastrophe vom April 2015 wurde dieses Programm ein wenig aufgeblasen. Man will nicht viel Geld dafür ausgeben, aber so tun, als täte man was. Das ist, so klagt die Hilfsorganisation Pro Asyl zu Recht, »Flüchtlingspolitik mit Todesfolge«. Die mit dem Friedensnobelpreis ausgezeichnete EU war und ist nicht gewillt, die Kosten für das grandiose Rettungsprogramm Mare Nostrum zu übernehmen; es wurde mit Jahresablauf 2014 eingestellt; es hat hunderttausend Flüchtlinge gerettet. 108 Millionen Euro jährlich würde die Fortsetzung des Programms kosten (das Gesamtvolumen des EU-Haushalts lag 2013 bei 144 Milliarden Euro, das Gesamtvolumen der Haushalte der EU-Mitgliedsstaaten bei 6400 Milliarden Euro) – eine Investition, die Menschen rettet. Aber diese Menschen hätte man ja dann, so denkt wohl mancher im Stillen, auf dem Hals; die Geretteten müsste man aufnehmen und beherbergen. Absaufen lassen ist billig.

Staaten haben Botschafter mit Schlips und Kragen. Die Menschenrechte haben auch Botschafter, nur kommen sie meist nicht so elegant daher – es sind die Flüchtlinge. Sie sind die Botschafter des Hungers, der Verfolgung, des Leids. Die Allgemeine Erklärung der Menschenrechte ist ihre Depesche. Indes: Europa mag diese Botschafter nicht empfangen, Europa mag sie nicht aufnehmen. Die europäischen Außengrenzen wurden so dichtgemacht, dass es dort auch für die Humanität kein Durchkommen mehr gibt. Die toten Flüchtlinge im Mittelmeer sind Opfer unterlassener Hilfeleistung. Ihr Tod ist unheimliche Routine geworden. Er wird behandelt wie ein Schicksal, das man nicht ändern kann. Europa nimmt den Tod in dem Meer, das die Römer *Mare Nostrum* nannten, hin, weil man fürchtet, dass Hilfe mehr Flüchtlinge locken könnte. Deshalb gibt es keine europäischen Hilfs- und Aufnahmeprogramme.

Die Europäische Union tötet durch Unterlassen

Die EU-Politik hätte die Mittel und die Möglichkeiten, die Flüchtlinge zu retten, die, zum Beispiel, der Hölle in Syrien und Libyen entkommen sind; aber man lässt sie ertrinken. Ihr Tod wird hingenommen, er wird in Kauf genommen. Der Tod der Flüchtlinge ist Teil der europäischen Abschreckungsstrategie. Europa schützt sich vor Flüchtlingen mit toten Flüchtlingen. Diese Europäische Union tötet. Sie tötet durch Unterlassen, durch unterlassene Hilfeleistung. Die EU-Flüchtlingspolitik gilt als erfolgreich, wenn möglichst wenige Flüchtlinge Europa erreichen. Mit welchen Mitteln die Flüchtlingsabwehr funktioniert, fragt kaum einer, allenfalls ein Verein wie Pro Asyl, der seinen Flüchtlings-Gottesdienst unter das Motto von Psalm 69 stellt: »Lass die Tiefe mich nicht verschlingen.« Wer Lampedusa erreicht, wird nicht aufgenommen nach dem Prinzip »Leistung muss sich lohnen«, sondern rücktransportiert nach dem Motto »Wir können uns euch nicht leisten«. Es ist eine große Leistung, nach Europa, gar nach Deutschland zu fliehen – weil das eigentlich gar nicht mehr geht, weil davor eine Vielzahl größter Hindernisse steht: Visasperren, scharfe Grenzkontrollen, strenge gesetzliche Abweisungsmechanismen. Wer es trotzdem schafft, hat seine gesetzlich angeordnete Illegalisierung faktisch durchbrochen und hätte eine Belohnung verdient: seine Legalisierung.

Ob uns die Flucht nach Europa, die Migration hierher überhaupt, passt, ist nicht mehr die Frage. Sie ist eine Tatsache in einer Welt, in der die Globalisierung massenhaft Lebensräume zerstört. Die Frage ist, wie man mit dieser Flucht umgeht, wie man sie gestaltet und bewältigt. Migration fragt nicht danach, ob die Deutschen ihr Grundgesetz geändert haben, sie fragt nicht danach, ob EU-Staaten sich aus der Genfer Flüchtlingskonvention hinausschleichen. Die allerwenigsten Flüchtlinge erreichen Europa; aber dort wird von einem Flüchtlingsstrom geredet; das ist lächerlich; der Strom ist, verglichen mit den Gesamtflüchtlingszahlen, ein Rinnsal.

Wie aus einem Aberwitz Realität wurde

Die Tragödien im Mittelmeer von heute haben ein Vorspiel, einen Prolog, wie man das bei einer Tragödie nennt. Dieser Prolog begann im August 1991, mitten in der italienischen Touristensaison. Zehntausend Flüchtlinge aus dem zerbröckelnden Albanien waren mit dem schrottreifen Frachter *Vlora* in Süditalien angelandet. In den Straßen von Bari wurden sie von Soldaten gejagt und im Sportstadion eingesperrt. Asylanträge durften nicht gestellt werden. Es gab kein Entkommen, es gab keine Zuflucht, es gab kaum Wasser und Brot, auch nicht für Frauen und Kinder. Kriegsgefangene wären nach der Genfer Konvention besser zu behandeln gewesen. Über den Köpfen der erschöpften Menschen kreisten Militärhubschrauber; später wurden aus der Luft Lebensmittelpakete abgeworfen. Ein Staat war in Panik.

Italien exerzierte damals, vor einem Vierteljahrhundert,

ein Exempel der Abschreckung gegen die Menschen aus dem Nachbarland. Was wäre eigentlich, wenn heute der Libanon mit einer Million Flüchtlingen aus dem Nachbarland Syrien auch so umspringen würde wie Italien mit denen aus Albanien? Damals wurden die Flüchtlinge mit List, Tücke und Gewalt nach Albanien zurückgeschafft und dort von prügelnden Polizisten empfangen. Bei den italienischen Behörden aber herrschte eine Erleichterung, als sei die Schlacht auf dem Lechfeld gewonnen. Italien forderte eine europäische Mobilmachung: Militärische Einheiten sollten künftig im adriatischen Meer patrouillieren, um Flüchtlinge schon im Wasser abzufangen. Das hielt man damals anderswo in Europa für einen Aberwitz. Er wurde aber Realität: Die Abwehr von Flüchtlingen ist heute der einzig funktionierende Teil der EU-Flüchtlingspolitik.

Es gibt in der EU keine einheitlichen Kriterien für die Anerkennung von Flüchtlingen; es gibt nichts, was den Namen Schutzkultur (das ist ein besserer Ausdruck als die abgelutschte »Willkommenskultur«) verdienen könnte. Zuvorderst die deutschen Bundesregierungen, und zwar jedweder Couleur, haben das verhindert. Es gibt auch keine solidarische Kooperation (»Lastenverteilung« nennt man das lästerlicherweise) innerhalb Europas. Es gibt allein das gemeinsame Bemühen, Flüchtlinge schnell wieder loszuwerden. Das Überwachungssystem an den EU-Außengrenzen ist 2013 aufgerüstet worden, für 340 Millionen Euro. »Eurosur« heißt das Projekt, European Border Surveillance System: Aufklärungsdrohnen werden dabei eingesetzt und im All stationierte Satelliten. Angeblich soll Eurosur sowohl Migration verhindern als auch Flüchtlinge vor dem Ertrinken retten. Migration verhindern und zugleich Menschen retten: Was bedeutet das für die Flüchtlinge? Wenig Gutes!

Festung Europa: Kaum waren die alten Mauern zwischen Ost und West gefallen, hat Europa damit begonnen, neue Mauern zu bauen. Man fürchtet die Flüchtlinge nicht wegen ihrer Waffen; sie haben ja keine. Sie haben nur das Asylrecht, die Waffe der Schwächsten. Man fürchtet sie wegen ihres Triebes: Sie wollen überleben. Also werden sie behandelt wie Einbrecher, weil sie einbrechen wollen in das Paradies Europa. Man fürchtet sie wegen ihrer Zahl und sieht in ihnen eine Art kriminelle Vereinigung.

Die Verteidigung der Festung Europa

Der Schweizer Journalist und Jurist Beat Leuthardt hat 1994 ein Handbuch *Festung Europa* publiziert. Er musste sich daraufhin von Politikern und Polizeistrategen anhören, dass es eine solche Festung nicht gebe: »Gehen Sie hinaus, schauen Sie sich um in Europa und zeigen Sie uns die angeblichen Opfer dieser Festung Europa.« Leuthardt hat das dann getan, er ist an die italienischen, spanischen, weißrussischen und polnischen Ränder Europas gefahren und hat 1999 *An den Rändern Europas. Berichte von den Grenzen* geschrieben, von den Schicksalen derer, die auf dem Weg in den goldenen Westen erfroren, erstickt oder ertrunken sind. Damals war das Buch eine Sensation und eine Provokation, heute ist das Nachrichtenalltag. Es ersticken nicht mehr so viele Flüchtlinge in Containern auf Lastwagen wie damals in den Nullerjahren. Der Hauptfluchtweg für syrische, iranische oder afghanische Flüchtlinge nach Europa verläuft über die Türkei. Die Landwege nach Europa sind aber mit Sperren und Hightech verbarrikadiert worden, zwischen der Türkei und Griechenland, am Evros-Fluss, wurde ein Eisenzaun gebaut. Die Flüchtlinge wurden und werden damit auf die so oft tödliche Mittelmeer-Route gezwungen. Die Festung Europa wird heute nicht mehr geleugnet, sie wird verteidigt.

Flüchtlinge einsperren wegen Fluchtgefahr?

Zum Beispiel so: Im Juli 2004 rettete das Schiff *Cap Anamur* vor der sizilianischen Küste 37 Menschen aus Seenot. Die Behörden verweigerten dem Schiff die Einfahrt in den Hafen von Porto Empedocle auf Sizilien. Erst nach Vortäuschung einer Notlage gelang dem Kapitän die Landung. Die Schiffbrüchigen wurden sofort abgeschoben, die Retter als angebliche Schlepper wegen »Beihilfe zur Einwanderung in einem besonders schweren Fall« angeklagt, der Staatsanwalt beantragte vier Jahre Haft und vierhunderttausend Euro Geldstrafe. Fünf Jahre standen die Retter vor Gericht, bis sie endlich freigesprochen wurden. Einer der Abgeschobenen, Mohammed Yussuf, ertrank bei dem erneuten Versuch, mit einem Boot nach Europa zu gelangen. Man lernt aus dieser Geschichte etwas über Geist und Praxis des europäischen Asylrechts. Wer an schiffbrüchigen Flüchtlingen vorbeifährt und sie ersaufen lässt, ist ein Unmensch. Der Mensch aber, der sie aus dem Meer fischt und an Land bringt, wird als Straftäter verhaftet. Deswegen ist aus einer neuen Richtlinie der EU, die Mindestnormen für die Aufnahme von Schutzsuchenden festlegen sollte, im Kern eine Inhaftierungsrichtlinie geworden: Flüchtlinge dürfen zum Schutz der »nationalen Sicherheit und Ordnung« und wegen

»Fluchtgefahr« jederzeit inhaftiert werden. Das muss man sich auf der Zunge zergehen lassen: Vom Flüchtling geht Fluchtgefahr aus, deshalb muss man ihn einsperren!

Internationale politische Zusammenarbeit dient weniger dazu, gemeinsam Fluchtursachen zu bekämpfen; sie dient dazu, Fluchtwege zu versperren. Libyens Diktator Gaddafi, als wenig zimperlich bekannt, war in dieser Beziehung jahrelang ein nützlicher und dienstbarer Geist. Er wurde von der EU mit Zigmillionen dafür bezahlt, dass er Flüchtlinge mittels Zäunen und Küstenwache davon abhielt, nach Europa zu gelangen. Nachdem der Arabische Frühling diese europäisch-libysche Win-win-Situation zunichtegemacht hat, ist man auf der Suche nach neuen Türstehern in Nordafrika, zum Beispiel in Tunesien; mit dem Land wird eine »Mobilitätspartnerschaft« angestrebt. Die afrikanischen Türsteher sollen die Grenzschutzagentur Frontex vor dem miesen Geschäft bewahren, Boote aus europäischen Hoheitsgewässern abdrängen zu müssen; es wird dafür gesorgt, dass die Boote gar nicht erst so weit kommen.

Aus den Augen, aus dem Sinn

Auch das gehört zur Verteidigung der Festung: Europa zahlt den nordafrikanischen Ländern viel Geld dafür, dass das Asyl dort hinkommt, wo der Flüchtling herkommt – und kümmert sich nicht darum, was mit den abgeschobenen Flüchtlingen passiert. Rückführungsabkommen sind Abkommen nach dem Motto: »Aus den Augen, aus dem Sinn.« Europa schafft Fluchtursachen: Erst macht der Westen die Wirtschaft der Entwicklungsländer kaputt, und wenn die

Menschen dann, weil sie nicht verrecken wollen oder einfach ein besseres Leben suchen, aus ihrer trostlosen Heimat fliehen und sich trotz hoher Lebensgefahr nach Europa durchschlagen, verhöhnt man sie dort als Wirtschaftsflüchtlinge und behandelt sie wie Verbrecher.

Der europäische Abwehrkampf gegen Flüchtlinge könnte die Ausländerfeindlichkeit in ganz Europa auflodern lassen – wie das zuletzt in Deutschland vor 25 Jahren die Anti-Asyl-Kampagne bewirkt hat. Das Flüchtlingsproblem wurde damals auf einen Paragrafen und auf eine einzige Botschaft reduziert: Wer den Artikel 16 Absatz 2 des Grundgesetzes (»Politisch Verfolgte genießen Asylrecht«) ausschaltet, der schaltet das Flüchtlingsproblem aus; wer das Asylgrundrecht beseitigt, rettet das Vaterland. Die Politik der Volksparteien übernahm also die einfachen Antworten, Parolen und Schwarz-Weiß-Bilder, wie sie seit jeher zu den Krisenlösungsperspektiven extremer Parteien gehörten. Zumal die CDU/CSU redete von Flüchtlingen im Katastrophenjargon; »Dammbruch«, »Ausländerschwemme« und »Asyltourismus« wurden zu Wahlkampfvokabeln. Man tat so, als sei Flucht eine kreuzfidele Sache und das Asyl den Armen der Welt ein Ersatz für den Jahresurlaub. Die Anti-Asyl-Kampagne hörte auch nicht auf, als die rechtsradikalen »Republikaner« 1989 im Fernsehen, unterlegt mit Ennio Morricones *Spiel mir das Lied vom Tod*, gegen Ausländer hetzten – und daraufhin bei der Wahl zum Berliner Abgeordnetenhaus 7,5 Prozent der Stimmen gewannen. Im Gegenteil: Die Parteien überboten sich bei scharfen Forderungen. Soll sich das wiederholen?

Es war so in den späten achtziger und frühen neunziger Jahren: Wer das Grundrecht auf Asyl erhalten wollte, wurde beschimpft. Wer Flüchtlinge Schmarotzer nannte, konnte mit donnerndem Applaus rechnen. Asylrecht und Flüchtlinge waren angeblich an allem schuld, sogar daran, dass Asylbewerberheime und Ausländerwohnungen brannten. Diese Anti-Asyl-Kampagne hat rechtsextremes Gedankengut entstigmatisiert und ein Feindbild präsentiert: der Asylbewerber, der Wirtschaftsasylant, der Ausländer überhaupt. Das Asylgrundrecht nach Artikel 16 Absatz 2, das zusammen mit dem Artikel 1, dem Schutz der Menschenwürde, Herz und Seele des Grundgesetzes war, wurde 1993 abgeschafft. Die klare und knappe Formulierung »Politisch Verfolgte genießen Asylrecht«, in den Nachkriegsjahren geboren aus bitterster Erfahrung, wurde ersetzt durch juristisches Geschwätz, das den Tort verschleiern sollte. Der neue, unendlich lange Grundgesetzartikel 16 a schafft ein mechanistisch unerbittliches Recht; er läuft hinaus auf den Satz: Flüchtlinge genießen Asyl – aber möglichst nicht in Deutschland. Dieses neue Asylrecht ist eine Art Straßen- und Wegerecht. Es interessiert sich in allererster Linie für den Weg, auf dem ein Flüchtling gekommen ist – weil zu prüfen ist, ob nicht ein anderes Land für den Flüchtling zuständig ist. In der Asyldebatte, die zehn Jahre lang gedauert hatte, war das Wort »Humanität« zum Schimpfwort geworden. Man tat so, als sei ein Asylgrundrecht ein Privileg für die sogenannten »Asylschwindler« und ein gefundenes Fressen für alle Armen dieser Welt.

Verlorene 25 Jahre

Das neue, gekürzte deutsche Asylgrundrecht zusammen mit dem EU-Abwehrrecht à la Dublin führte dazu, dass die Asylbewerberzahlen in Deutschland erst einmal drastisch sanken. Das System funktionierte zunächst wunschgemäß: Die Flüchtlingslasten wurden auf die Randstaaten der EU abgewälzt. An den Fluchtursachen hatte sich zwar nichts geändert, an der Zahl der Flüchtlinge, die nach Europa drängten, auch nicht – aber Deutschland blieb vorerst verschont. 2006 war die Zahl der Asylbewerber dann so niedrig wie seit dreißig Jahren nicht mehr: Nur 21 029 Menschen haben damals in Deutschland noch Asyl beantragen können, gerade einmal 251 erhielten den Asylstatus. Diese niedrigen Zahlen wurden von den deutschen Behörden als Richtgröße für die künftigen Unterbringungskapazitäten genommen; so kam es später zu den desaströsen Zuständen bei der Unterbringung von Flüchtlingen. Angesichts der niedrigen Zahlen sah die deutsche Politik keinen Anlass, über ein gemeinsames EU-Asylrecht, über Lastenverteilung, ein Einwanderungsrecht und Fluchtursachenbekämpfung nachzudenken. Das Dublin-System sei sinnvoll und habe sich bewährt. Das erklärten und erklären deutsche Innenminister immer wieder – solange es für Deutschland einigermaßen funktionierte. Die Särge von Lampedusa und die untergehenden Flüchtlingsboote im Mittelmeer zeigen den Preis dieses vermeintlichen Funktionierens. Gleichzeitig bricht das Dublin-System zusammen: Die EU-Randstaaten können und wollen die Lasten nicht mehr tragen; Italien zum Beispiel winkt die Flüchtlinge durch, immer häufiger nehmen die italienischen Behörden keine Fingerabdrücke mehr, sodass die EU-Zentraldatei nicht mehr feststellen kann, dass ein Flüchtling über Italien eingereist ist. Die flüchtlingsarmen Zeiten für Deutschland sind deshalb vorbei.

Die vergangenen fünfundzwanzig Jahre waren verlorene Jahre, sie waren die Zeit der Agonie der Flüchtlingspolitik – zukunftsverhindernd für Europa, tödlich für die Flüchtlinge.

Die Ansätze zu einer gestaltenden Flüchtlingspolitik wurden weggeräumt, weil die Abwehr ja zu funktionieren schien. Sie hatte es gegeben: Da war etwa der Bericht der Arbeitsgruppe »Flüchtlingskonzeption«, den Wolfgang Schäuble als Innenminister 1990 vorgelegt hatte und in dem auch über Fluchtursachenbekämpfung nachgedacht worden war. Zur Fluchtursachenbekämpfung gehört eine restriktive Waffenexportpolitik und eine neue Handelspolitik. Es gäbe schon ein Mittel, die Verhältnisse in den Hungerstaaten Afrikas zu verbessern: gerechten Handel. Solange europäische Butter in Marokko billiger ist als die einheimische, solange französisches Geflügel in Niger weniger kostet als das dortige, solange schwimmende Fischfabriken vor den Küsten Afrikas alles wegfangen, was zappelt – solange muss man sich über den Exodus aus Afrika nicht wundern. Die EU-Subventionspolitik ist eine Politik, die Fluchtursachen schafft. Sie sorgt für schmutzige Flecken auf der Weste der Friedensnobelpreisträger-Union. Gegen diese falsche Politik helfen keine neuen Mauern und keine Flüchtlings-Auffanglager an den Küsten. Solche Versuche fördern nur die Illusion, den europäischen Reichtum nicht teilen zu müssen.

Schnurren und vor dem Feuer liegen

Im Jahr 1990 produzierte die BBC einen Film über den Auswanderungsdruck aus den Entwicklungsländern; es handelt sich um eine Literaturverfilmung, die auf einem Roman von William Nicholson basiert. Der Film heißt *Der Marsch*, und er erzählt vom Aufbruch verzweifelter Menschen aus einem sudanesischen Flüchtlingslager. Angeführt von dem charismatischen Lehrer Isa El-Mahdi, zieht ein zunächst kleiner Treck in Richtung Europa. »Wir haben keine Macht außer der, zu entscheiden, wo wir sterben wollen. Alles was wir verlangen, ist: Seht uns sterben!« Auf dem Weg zur marokkanischen Küste schwillt das Heer der Hoffnungslosen auf Hunderttausende von Menschen an. Der Marsch wird zum Medienereignis, die EU-Kommissarin verhandelt mit El-Mahdi. Der erklärt ihr: »Als ich klein war, sagte man uns: Wenn ihr studiert, werdet ihr eines Tages auch reich. Ich studierte hart. Ich arbeitete hart. Doch mein Land wurde arm und ärmer. Eines Tages hatten wir nichts. Warum habt ihr so viel und wir so wenig? Seid ihr bessere Menschen? Es heißt, ihr in Europa habt viele Katzen. Es heißt, eine Katze kostet mehr als 200 Dollar im Jahr. Lasst uns nach Europa kommen als eure Haustiere. Wir können Milch trinken. Wir können vor dem Feuer liegen, wir können eure Hand lecken. Wir können schnurren – und wir sind viel billiger zu füttern!«

Das Publikum wurde seinerzeit vor der Ausstrahlung dieses Films beruhigt: Man solle sich keine Sorgen machen, es handele sich um eine erfundene Geschichte. Doch aus der Fiktion wird Realität. Im Film endet die Geschichte damit, dass sich die Armee der Habenichtse und das Militär des Westens gegenüberstehen. Man weiß nicht, wie die Konfrontation weitergeht, man weiß nicht, wie sie endet. Feuer frei auf die Elenden? Das wäre der apokalyptische Höhepunkt einer militarisierten Flüchtlingspolitik. Und das wäre der moralische Untergang eines Kontinents, der sich das freie Europa nennt.

Wie sieht eine neue europäische Flüchtlings- und Asylpolitik aus?

Eine EU-Konferenz im finnischen Tampere kam schon 1999 zu der Erkenntnis, dass eine Politik des Einmauerns nicht funktionieren könne. Diese Konferenz propagierte zwar auch ein Modell der Festung Europa, aber eines mit Zugbrücken. Die Zugbrücken wurden dann jedoch nie heruntergelassen. Mit einer »Aktion Zugbrücke« könnte eine neue Flüchtlings- und Einwanderungspolitik beginnen. Jetzt muss man wieder über die Konzepte und Vorschläge reden, über die man schon vor 25 Jahren hätte reden können: über die Eröffnung legaler Zugangswege nach Europa; also auch über eine Einwanderung nach einem Punktesystem und über Aufnahmequoten in den einzelnen EU-Staaten, die sich an Bevölkerungszahl und Wirtschaftskraft orientieren. Zu den klugen, aber von der Politik seinerzeit beiseitegeschobenen Konzepten gehörte vor allem das fabelhafte *Manifest der 60*, die große Schrift, in der sechzig deutsche Wissenschaftler aller Fachrichtungen 1994 für eine quotierte Einwanderung warben und Regeln dafür vorstellten.

Erstens: Flüchtlinge, die in Transitländern Schutz gefunden haben, brauchen europäische Hilfe. Zum Beispiel im Libanon: In dem Land mit 4,5 Millionen Einwohnern leben 1,2 Millionen Flüchtlinge aus Syrien. In vielen Städten und Dörfern dort wohnen bereits mehr Flüchtlinge als Einheimische. Die Wasserversorgung kann mit der steigenden Bevölkerung nicht mithalten. Die Krankenhäuser sind überbelegt. Fast die Hälfte der syrischen Flüchtlinge im Libanon sind Kinder und Jugendliche. Über 400 000 syrische Flüchtlingskinder sind im Schulalter, 100 000 davon haben in libanesischen Schulen Platz gefunden. 80 000 Flüchtlinge brauchen dringend medizinische Hilfe, und mehr als 650 000 Flüchtlinge sind auf monatliche Nahrungsmittelhilfe angewiesen. Je länger die Kinder nicht in die Schule gehen, so klagt zu Recht der UNHCR, die Flüchtlingshilfe der Vereinten Nationen, desto mehr verdüstern sich ihre Zukunftschancen. Spendenaufrufe finden viel zu wenig Echo. Milliarden sind notwendig.

Zweitens: Es muss halbwegs sichere Fluchtrouten geben, halbwegs sichere Wege ins europäische Asyl. Noch mehr Überwachung der Außengrenzen, noch mehr Bekämpfung der Schleuser, noch mehr »Push backs« – das ist keine Lösung. Push backs sind Polizeiaktionen, bei denen Flüchtlinge, die mit ihren Booten schon auf griechischen Inseln angelandet sind, rechtswidrig wieder aufs offene Meer zurückgeschleppt werden. Sie sind eine Schande für Europa. Auslagerung des Flüchtlingsschutzes in nordafrikanische Staaten? Es besteht die Gefahr, dass rechtsstaatliche Standards dort nicht eingehalten werden, dass das zu einer »Aus den Augen, aus dem Sinn«-Politik führt und die in diesen Lagern als schutzbedürftig Anerkannten in Europa nicht aufgenommen werden.

Drittens: Das sogenannte Dublin-System wird ersatzlos abgeschafft. Stattdessen gilt in Europa künftig das Prinzip der einmaligen freien Wahl. Jeder Flüchtling, der nach Europa flieht, kann selbst entscheiden, in welchem Land er Asyl beantragen und Schutz finden will. Im bisherigen Dublin-System beschäftigen sich die Ausländer- und Asylbehörden kaum noch damit, ob und welche Asylgründe vorliegen, sondern vor allem damit, in welches EU-Land der Flüchtling als Erstes eingereist ist, um den Flüchtling dann wieder nach dort abzuschieben. Das bisherige EU-Asylsystem gleicht also einem gewaltigen Menschen-Verschiebebahnhof. Ein Großteil der Energie von Behörden und Anwälten wird von diesem Abschiebungszirkus samt Abschiebehaft absorbiert. Weil die Behörden überlastet sind, schaffen sie die Abwicklung der Abschiebung nicht in den grundsätzlich dafür vorgesehenen sechs Monaten. Dann aber dürfen die Flüchtlinge erst einmal dortbleiben, wo sie sind. Das Bürokratie-Monster tanzt also wie wild – und hilft niemandem.

Die Umsetzung des Prinzips, das Asylland als Flüchtling frei auswählen zu können, klingt utopisch, ist aber praktisch und vernünftig: Die Randstaaten Europas – Italien, Griechenland etc. – stellen jedem Flüchtling, der nicht dortbleiben will, Durchreisepapiere in das Land seiner Wahl aus. Im EU-Land der Wahl wird dann geprüft und rasch entschieden; ein Asylantrag in einem anderen EU-Staat kann nicht mehr gestellt werden. Im Aufnahmeland wird für den Flüchtling und seine Familie umfassend gesorgt: Dort gehen die Flüchtlingskinder in Kita und Schule, dort lernen die Flüchtlinge die Sprache, dort dürfen sie alsbald arbeiten. Die vom Dublin-Zirkus befreiten Behörden können die Asylanträge rascher prüfen. Asylberechtigte Flüchtlinge können schneller Fuß fassen, weil mit ihnen nicht erst Pingpong gespielt wird. Die Zeit der Unsicherheit für Flüchtlinge wird kürzer; sie können dort leben, wo sie Landsleute kennen. Sie können sich zügiger integrieren. Innerhalb Europas muss auf der Basis eines rechnerischen Quotenmodells (die Flüchtlingsquoten pro Land werden nach Größe, Bevölkerungszahl, Wirtschaftskraft etc. berechnet) ein finanzieller Ausgleich geschaffen werden. Geld kann man leichter verschieben als Menschen. Staaten, die die rechnerische Quote übererfüllen, erhalten »Boni«, müssen also weniger Geld an Brüssel abführen. Und an Staaten, die ihre Quote nicht erfüllen, fließen weniger EU-Mittel. Am Beispiel Griechenland sieht man derzeit, wie viel politischer Druck ausgeübt werden kann, damit ein EU-Staat Disziplin lernt. Die gute Behandlung von Flüchtlingen wäre eine schöne Disziplin, die man fördern könnte unter den Mitgliedsstaaten.

Viertens: An die Stelle der Flüchtlingsabschreckungspolitik, die die einzelnen EU-Staaten, auch Deutschland, praktiziert haben, muss eine gute Sozialpolitik treten. Die Abschreckungspolitik war und ist ebenso inhuman wie erfolglos: Arbeitsverbot; elend lange Wartezeiten auf einen Sprachkurs; Sachleistungen statt Bargeld; Einschränkungen der Bewegungsfreiheit durch eine sogenannte Residenzpflicht; gesundheitliche Unterversorgung, angeordnet durch das »Asylbewerberleistungsgesetz«; der Zwang, in Massenunterkünften wohnen zu müssen. Wer aus seinem Heimatland vor Verfolgung und Krieg flieht, lässt sich von solchen Erschwernissen nicht abschrecken. Diese Maßnahmen haben vor allem soziale Probleme im Aufnahmeland geschaffen. Das deutsche Asylbewerberleistungsgesetz, das ein kastriertes Sozialgesetz ist und die Kosten für die Gesundheitsversorgung der Flüchtlinge den Kommunen aufhalst, muss daher abgeschafft werden, die Flüchtlinge müssen in die Sozialgesetze eingegliedert werden. Das reduziert nebenbei einen gewaltigen Bürokratie-Aufwand.

Fünftens: Flüchtlinge wohnen künftig in Wohnungen, nicht in Verschlägen. Massenunterkünfte sind auf längere Dauer menschenunwürdig. Die Gemeinschaftsunterkünfte, in die Flüchtlinge nach der Erstaufnahme verteilt werden, sind überbelegt. Die Wohnparzellen sind oft nur mit Bauzäunen abgetrennt. Das Wohnen in Gemeinschaftsunterkünften wird zum Stigma für die Kinder. Es gibt Kinder, die in diesen Gemeinschaftsunterkünften geboren wurden und darin dann zehn Jahre leben. Der einzige Ort, an dem Kinder lernen können, ist dort oft das Stockbett. Die Wohnpflicht in solchen Asylunterkünften muss abgeschafft werden. Die Unterbringung in Privatwohnungen statt in Gemeinschaftsunterkünften sollte die Regel werden.

SECHSTENS: Richtlinien für Kinder im Asylverfahren gibt es bisher nicht. Kinderspezifische Fluchtgründe spielen heute keine Rolle: also Zwangsverheiratung, Zwangsrekrutierung als Kindersoldaten, Kinderprostitution. Der derzeitige Umgang mit Flüchtlingskindern verstößt massiv gegen die UN-Kinderrechtskonvention als in Deutschland und Europa geltendes Recht. Deshalb: Flüchtlingskinder besuchen künftig die Kita und gehen zur Schule. Flüchtlingskinder brauchen Betreuung in Hort und Kita. Schulpflichtige Flüchtlingskinder haben ein Recht auf Einschulung, darum muss ihre Einschulung erleichtert werden. Ein Drittel aller nach Deutschland einreisenden Flüchtlinge sind Kinder und Jugendliche; 70 000 Flüchtlingskinder leben mit unsicherem Aufenthaltsstatus in Deutschland. Neun von zehn Kindern fliehen mit ihren Eltern nach Deutschland, eines kommt allein. In den Erstaufnahme-Einrichtungen gibt es eine viel zu geringe Anzahl von Betreuern. Die wenigen Flüchtlingskinder, die in einem Kindergarten unterkommen, malen Maschinengewehre, Kampfhubschrauber und tote Soldaten; das kennzeichnet die Situation in ihren Herkunftsländern. Bundesweit fehlen Schulplätze für Flüchtlingskinder ohne deutsche Sprachkenntnisse. Man braucht Klein- und Willkommens- und Übergangsklassen für Flüchtlingskinder; man braucht mehr Schulsozialarbeiter und mehr Dolmetscher.

Eine neue Schutzkultur

Eine solche, eine gute neue Flüchtlingspolitik könnte heute eine Politik mit der Bevölkerung sein, nicht gegen sie. Angesichts der Elendsbilder aus Syrien und dem Irak gibt es eine Welle der Hilfsbereitschaft. In Deutschland, in dem Land, in dem vor 25 Jahren die Flüchtlingsheime brannten und das alte Asylgrundrecht billig beerdigt wurde, in ebendiesem Land wächst eine anrührende Solidarität mit Flüchtlingen. Gewiss: Hetze und Ausländerhass sind nicht verschwunden. Noch immer gibt es Anschläge auf Asylbewerberheime. Aber die Empörung über solche Anschläge ist größer als früher. Es zeigt sich heute viel klarer, wer wo steht. Damals, vor 25 Jahren, konnten die Agitatoren gegen Ausländer und Flüchtlinge noch glauben, sie verträten eine schweigende Mehrheit, die ohne Einwanderer und ohne Flüchtlinge leben möchte. Wer heute nicht blind oder blöd ist, weiß, dass das nicht geht. Es mag noch nicht die große Mehrheit der Bevölkerung sein, die eine Schutzkultur propagiert. Aber die Menschen, die Flüchtlinge und Einwanderer willkommen heißen und ihnen die entsprechende Unterstützung zukommen lassen wollen, sind gewiss zahlreicher als die Pegidisten, die sich, vergeblich, ein Deutschland und ein Europa der fünfziger Jahre zurückwünschen.

Die deutsche Gesellschaft hat sich verändert. Der Migrationshintergrund eines stattlichen Teils der Bevölkerung zeigt sich nicht mehr nur im Hintergrund. Das ist gut so; und das wird dem Land guttun, weil nur so Integration funktionieren kann. Und zur Integration und zu einer guten deutschen und europäischen Zukunft gehört es auch, dass die ganze Gesellschaft die Unverschämtheiten einer ausländerfeindlichen Bagage zurückweist.

Der französische Historiker Fernand Braudel, der Ende der vierziger Jahre eine Universalgeschichte des Mittelmeerraums verfasst hat, nannte die Migration eine zivilisatorische »Unentbehrlichkeit«. Ganz und gar entbehrlich ist dabei, dass die Migranten auf Todesrouten nach Europa kommen müssen. Bei einer Umfrage der Hays AG, eines weltweit führenden Unternehmens für die Rekrutierung von Spezialisten, gab die überwiegende Mehrheit der befragten Unternehmer als Grund, warum man Ausländer beschäftige, Folgendes an: »Wir benötigen für unsere Geschäfte interkulturelle Kompetenz.« Kosteneinsparung spiele nur eine Nebenrolle. Viele Flüchtlinge sind gut und sehr gut ausgebildet. Migranten haben, wenn sie denn einmal in ihrem Gastland arbeiten, den Ruf, beweglich, intelligent, offen, widerstandsfähig, risikobereit und sprachgewandt zu sein. Es wird auch darauf hingewiesen, dass Migranten Vermittler sozialen Fortschritts in ihren Herkunftsländern sein können. Kehren Migranten mit den Erfahrungen, die sie in Europa gewonnen haben, in die alte Heimat zurück, kann sich für diese der ursprüngliche Brain-Drain in einen Brain-Gain verkehren, in einen Zuwachs an Erfahrung, Wissen und Geld.

Es wird Zeit, dass europäische Politiker Migration als zivilisatorische Notwendigkeit begreifen und danach handeln. Der Kaiser, der in Max Frischs gleichnamigem Stück *Die chinesische Mauer* bauen lässt, tut dies, wie er sagt, »um die

Zukunft zu verhindern«. Dieser Kaiser hat in Europa seine Kommissare. Sie müssen abgesetzt werden.

Europa braucht keine Abwehrkommisare und keine Abwehrminister. Europa braucht Einwanderungsminister und Einwanderungsbürgermeister. Europa braucht Bürgermeister wie Domenico Lucano, genannt Mimmo. Mimmo ist Bürgermeister in Süditalien, in Kalabrien, im Dorf Riace. Riace war ein entvölkertes, fast ausgestorbenes Nest; seit Jahrzehnten waren die Menschen weggezogen. 1998 trieb ein Boot an seine Küste, in dem 218 halb verhungerte Kurden saßen. Sie hatten nach Griechenland flüchten wollen, waren vom Kurs abgekommen. Mimmo sorgte dafür, dass die Flüchtlinge verpflegt und von den Einheimischen aufgenommen wurden; sie wurden angesiedelt. 500 Migranten leben heute in Riace, fast jeder dritte Einwohner ist in den vergangenen Jahren zugewandert. Der Bürgermeister und sein Verein *Citta Futura* haben es sich zur Aufgabe gemacht, den Flüchtlingen ein Zuhause zu bieten und mit den Flüchtlingen das Dorf Riace am Leben zu erhalten. Das Beispiel von Riace könnte Schule machen: Es gibt viele Landschaften in Europa, die weitgehend entvölkert sind – nicht nur in Süditalien, auch in Südfrankreich oder in Mecklenburg-Vorpommern. Dort könnten Flüchtlinge angesiedelt werden. Das wäre der Auftakt zu einer neuen europäischen Gründerzeit. Die Einwanderer können sich mit den Erfahrungen ihrer uralten Subsistenzwirtschaft, also der Selbstversorgung, eine bescheidene Existenz aufbauen. EU-Geld könnte das zu einem guten Existenzminimum aufstocken; solche Subventionen gibt es ja in der europäischen Landwirtschaft ohnehin. In solchen geordneten Ansiedlungen könnte es ein Leben in Gemeinschaft und in menschlichen Verhältnissen geben.

Die Menschen in ganz Deutschland, in ganz Europa sehen tagtäglich die grauenvollen Bilder aus Syrien und dem Nordirak, sie sehen die entsetzlichen Bilder aus Lampedusa und dem Mittelmeer. Das Elend der Flüchtlinge ist so nahe gerückt – und es fasst so viele Europäer ans Herz. Und weil das so ist, fassen sich die Menschen zumal in Deutschland an den Kopf, dass ihr Land, eines der reichsten Länder der Erde und eine der besten Bürokratien der Welt, nicht in der Lage sein soll, sich um 300 000 oder 400 000 Flüchtlinge gut und fürsorglich zu kümmern.

Es ist Zeit, sich auf Sankt Martin zu besinnen, einen der Schutzheiligen Europas. Es ist Zeit, die Klöster und Kirchen für Flüchtlinge aufzumachen, es ist Zeit, die Herzen für Schutzsuchende zu öffnen und die Haushaltspläne aufzustocken. Es ist Zeit, die Globalisierung der Gleichgültigkeit zu beenden.